AF451968

LES STRATAGÉMES DE L'AMOUR,

BALET

REPRESENTE' POUR LA PREMIERE FOIS
PAR L'ACADÉMIE ROYALE
DE MUSIQUE

Le   1726.

Le prix est 40. sols.

A PARIS,

Chez la Veuve de PIERRE RIBOU, seul Libraire de
l'Académie Royale de Musique; Quai des Augustins,
à la descente du Pont-Neuf, à l'Image S. Loüis.

____

M. DCC. XXVI.

Avec Approbation & Privilege du Roy.

A LA REINE.

REINE, que les Vertus & les Graces couronnent ;
Qui rendez à nos LYS tout l'éclat qu'ils vous donnent,
Sur nos Jeux innocens daignez tourner les yeux.
Les Arts sont l'ornement d'un Regne glorieux.
Ranimez le Parnasse ; & ses Fleurs immortelles
Vont éclore aux rayons que vous versez sur Elles.
C'est votre auguste NOM, dont je pare mes chants ;
Il en fait tout le prix, il les rend plus touchants.
Je celebre ce Jour de gloire & d'esperance,
Qui de votre bonheur fit celui de la France ;
Ce Jour, qui consacrant les plus belles ardeurs,
Dans le cœur de LOUIS, vous donna tous les Cœurs.
Que ne puis-je exprimer ces vœux, ces cris de joye,
Ces transports qu'à vos yeux tout un Peuple déploye.
De la pure Vertu ce sont les premiers droits,
Et le plus doux concert pour l'oreille des Rois,
Qu'au bout de l'Univers le bruit en retentisse.
Au Citoyen charmé que l'Etranger s'unisse ;
Et joignez aux respects d'une pompeuse Cour,
L'Encens toujours nouveau qu'allume notre Amour.

R O Y.

AVERTISSEMENT.

IL semble que les STRATAGESMES DE L'AMOUR soient un fonds inépuisable. L'Amour est de toutes les Passions la plus ingenieuse à se procurer des succès : Mais entre tous les artifices qu'il employe, il a fallu choisir les plus convenables pour la bienseance & la varieté.

Le Public a décidé que si ce Théâtre admet du Comique, ce ne peut être qu'un Comique noble, & tel que celui qui porte le caractere d'Antiquité : Aussi a-t'on cherché ces Sujets dans l'Histoire ; & comme c'est dans des endroits un peu détournez, on croit devoir en indiquer les sources.

L'Acte du SCAMANDRE roule sur un déguisement, & sur une coûtume célebre dans *la Troade.* Les jeunes personnes sur le point de se marier, étoient obligées d'aller en ceremonie s'offrir au Scamandre : C'étoit le Dieu du Fleuve de Troye. Lorsque *Callirée* s'y rendit, on vit pour la premiere fois Scamandre sortir d'entre les Roseaux. L'effroi des Troyennes, & la crédulité du Peuple empêcherent de le reconnoître pour un Capitaine Athénien qui avoit son Navire sur la Côte, & qui s'étoit métamorphosé en Divinité, aussi heureusement que les Dieux dans leurs Amours prenoient la figure humaine. *Athenée liv.* 14. *Eschines & Vigenere sur Philostrate, Strabon,* &c.

L'Entrée des ABDERITES offre avec le spectacle d'un Peuple furieux, un prétexte naturel, & necessaire que saisit Irene pour écarter l'Objet qu'elle hait, & pour épouser celui qu'elle aime. *Lucien* rapporte que sous le

Regne de *Lyfimachus*, il parut dans *Abdere*, Ville de *Thrace*, d'excellens Comédiens, qui répréfenterent les Pieces les plus touchantes, *Andromede*, *Ajax*, *Orefte*, &c. La vivacité du jeu, jointe à l'ardeur de la faifon, fit un tel effet fur les Spectateurs, qu'au fortir du Théâtre ils réci-toient les Vers, répetoient les Actions Tragiques, & fe croyoient être les Heros qu'ils avoient vûs fur la Scene. C'eft un Fait fi marqué, qu'il eft encore un genre de Fié-vre connu fous le nom de *Fiévre d'Abdere*, (Mezerai place un Evenement affez femblable fous le Regne de Charles V. en l'année 1373.

LA FESTE DE PHILOTIS eft décrite par *Plutarque* dans la Vie de *Romulus*. C'étoit des Danfes & des Feftins que la République donnoit aux Efclaves, en mémoire de *Philotis*, cette Efclave genereufe qui a-voit fauvé fa Patrie. Il eft aifé de juger combien cette Solennité par fon origine & par fon appareil, étoit diffe-rente des Saturnales qui fe celebroient en particulier, & qui occafionoient toute forte de licence. Le coup d'œil des Feftins antiques n'étoit pas indifferent au Théâtre. Eh! quels plus riches fonds de tableaux que les Specta-cles & les Coûtumes des Anciens? On a tâché d'affortir à cette Fête l'action d'une Romaine illuftre, qui veut éprouver fi elle eft aimée pour fon rang ou pour fa per-fonne : Et on lui donne pour Amant le Heros dont le triomphe eft fi mémorable.

LE PROLOGUE a été fait pour le Mariage de LEURS MAJESTEZ. On a placé LE ROY au milieu de fes plus celebres Prédeceffeurs qui doivent re-vivre en lui. On a tâché de peindre la joye des Peuples à cet augufte Evenement, & de renouveller l'idée des Ro-mains qui attachoient la durée de l'Empire à celle de la Maifon des Cefars.

Acteurs & Actrices chantans dans tous les Chœurs du Prologue & du Balet.

CÔTE' DU ROY.	CÔTE' DE LA REINE.
Mesdemoiselles	**Mesdemoiselles**
Dun.	Millon.
Antier-C.	La Roche.
Souris-C.	Tettelette.
Dutilliée.	Charlard.
Kerquof.	Perignon.
Julie.	Ducoudray.
Gentilhomme.	

Messieurs	**Messieurs**
Flamand.	Morand.
Bremond.	Le Myre-L.
Saint Martin.	Bertin.
Loüette.	Valentier.
Deshayes.	Dautrep.
Buzeau.	Corail.
Dupleſſis.	Houbeau.
Naudé.	Duchêne.

ACTEURS CHANTANS
DU PROLOGUE.

LA PRESTRESSE DE LA GLOIRE,
Mademoiselle Antier.
LE PRESTRE DE LA GLOIRE,   Mr Chaßé.

ACTEURS DANSANS
DU PROLOGUE.
SUITE DE LA VICTOIRE.
GUERRIERS.

Meßieurs Laval, Maltaire-C.
Meßieurs Pierret, Savar, Tabary, Picard.

Habitans des Rivages de la Seine.

Meßieurs P-Dumoulin, Dangéville, Maltaire-L., Eßex.
Mademoiselle Menés.
Mesdemoiselles Binet, la Martiniere, Delisle-C.
Goblain.

PROLOGUE.

PROLOGUE.

Le Théâtre repreſente le Temple de la Gloire conſacré à l'Eternité de l'Empire François. Sur le Frontiſpice pa-roît en Lettres lumineuſes l'Inſcription ÆTERNITAS IMPERII. *Au fonds s'élevent trois Arcades, où la Statuë de la France paroît entre celles de Pharamond & de Charlemagne : Ces Arcades portent des Médaillons des Rois des deux premieres Races. Celles des côtez ſont remplies de Statuës d'or, ornées de leurs Draperies, & repreſentant :*

HUGUES CAPET.	PHILIPPE AUGUSTE.
CHARLES LE SAGE.	LOUIS XII.
FRANÇOIS PREMIER.	HENRY IV.
LOUIS LE JUSTE.	LOUIS LE GRAND.

Avec les Médaillons des autres Rois de la 3e. Race.

b

LA PRESTRESSE DE LA GLOIRE,

au milieu des Guerriers & des Bergers.

DE l'Empire des Lys j'éternise l'Histoire.
Les pompeux Ornemens dont brille ce séjour;
Ces Marbres, ces Lauriers, consacrent la mémoire,
Des Rois, dont les Vertus vous ont couverts de gloire.
Peuples, ranimez en ce jour
Et leur triomphe & votre amour.

Guerriers, au son des Trompetes
Chantez leurs travaux vainqueurs;
Au son des tendres Musetes
Bergers, chantez leurs faveurs,
Et la Paix de vos retraites:
Que des transports de vos cœurs
Vos voix soient les interpretes.

UN PRESTRE DE LA GLOIRE.

Que ces Rois cheris des Mortels,
Sur tous les noms fameux remportent la victoire.

LE PRESTRE & LA PRESTRESSE.

Que les Tems étendent leur gloire,
Que tous les Cœurs soient pour eux des Autels.

CHOEUR.
Que ces Rois cheris des Mortels,
Sur tous les Noms fameux remportent la victoire.
Que les Tems étendent leur gloire,
Que tous les Cœurs soient pour eux des Autels.

Danses des Guerriers pour rendre hommage aux Statues des Rois.

LA PRESTRESSE.

Ecoutez-moi, Mortels, & suspendez vos Jeux.
CHOEUR.
Quoi ! Le Ciel pour nos Rois blame-t'il notre zele?
LA PRESTRESSE.
Respectez mes transports : Un Dieu m'ouvre les
Cieux.
CHOEUR.
Parlez, & que par vous le Destin se revele.
LA PRESTRESSE.
Quel prodige éclatant ! Quel flâme immortelle !
Quel auguste spectacle ici se renouvelle !
Sur le Trône s'éleve un Heros glorieux :
Quelles graces ! Quels traits ! C'est l'image des
Dieux.
Que les dons séparez entre ses fiers Ayeux
En lui seul se réünissent.

On entend une Symphonie douce.

De quels sons enchanteurs
Ces voûtes retentissent ?

Paroiſſez digne **OBJET**, vous que les Dieux
    choiſiſſent
Pour regner ſur un cœur maître de tous les cœurs.
Le Sceptre refleurit, & nos craintes finiſſent . . .
L'Hymen avec l'Amour vole du haut des Cieux,
Applaudiſſez Mortels, tout a comblé vos vœux.

*Un Groupe de Nuages deſcend, il eſt ſoûtenu des
Amours & des Graces; il porte un Trône ſur lequel le Roi
& la Reine ſont aſſis, & derriere eux ſont l'Hymen &
l'Amour qui les couronnent de Myrthes & de Roſes.*
On danſe.

CHOEUR.

Faites couler nos jours dans une paix profonde,
Brillez Aſtres naiſſans, éclairez ces beaux lieux;
Verſez ſur nous tous les bienfaits des Dieux,
Que dans les Cieux, ſur la Terre & ſur l'Onde
    Tout conſpire à nous rendre heureux.

DEUX BERGERES.

    De nos beaux jours
    Voici l'heureux préſage;
    De nos beaux jours
    Plaiſirs marquez le cours.
    Dieu des Amours
    Craint-on votre eſclavage?
    Non, non, dans le bel âge
    Hâtons notre homage,
    Les momens ſont courts.
Danſe des Habitans des Rivages de la Seine.

LA PRESTRESSE.

Que dans ces fameux Remparts
Phœbus nous prête sa Lyre,
Qu'il anime les beaux Arts
Qu'un Roi charmant les infpire.
Acourez de toutes parts
Plaifirs, ce beau jour vous atire.
Amour banni le Dieu Mars,
Fai voler dans cet Empire
Tes paifibles Etendarts.

On danfe.

Marquez un Regne nouveau
Par mille nouvelles Fêtes :
Que l'Amour d'un feu plus beau
Faffe briller fon flâmbeau,
Qu'il augmente fesConquêtes :
Que les Jeux fuivent les pas
Des Amans les plus fideles ;
Que le Tems feul ait des aîles,
Mais que l'Amour n'en ait pas.

LE PRESTRE, LA PRESTRESSE;
CHOEUR *des Peuples.*

Que la Trompette éclate, & que l'Echo réponde,
Ce jour eft la Fête du monde.
Par de brillans Concerts animons les Plaifirs,
Le Ciel a rempli nos defirs.

Que la &c.

Fin du Prologue.

ACTEURS DANSANS
DU BALET.

PREMIERE ENTRE'E.
I. DIVERTISSEMENT.
TROYENNES.

Mademoiſelle Prevôt.
Meſdemoiſelles Laferiere, Duval, Petit, Thibert,
Lemaire, Verdun.

II. DIVERTISSEMENT.
MATELOTS & MATELOTTES.

Monſieur Dumoulin-4.
Meſſieurs F-Dumoulin, P-Dumoulin, Dangeville,
Maltaire-L.
Meſdemoiſelles Binet, Deliſle-C., la Martiniere,
Goblain.

II. ENTRE'E.
I. DIVERTISSEMENT.
ABDERITES EN FVREVR.

Monſieur Blondy, Mademoiſelle Deliſle-L.

Monſieur F-Dumoulin , Mademoiſelle Prevôt.
Meſſieurs Maltaire-C., Savar, Tabary , Picard , Eſex.

I I. DIVERTISSEMENT.

BERGERS & BERGERES.

Monſieur Laval , Mademoiſelle Deliſle-L.
Meſſieurs P-Dumoulin , Dangeville.
Meſdemoiſelles Laferiere, Petit.
Meſſieurs Maltaire-L., Eſex.
Meſdemoiſelles Binet , Goblain.
Meſſieurs Dumoulin-L. , Pierret.
Meſdemoiſelles Deliſle-C. , la Martiniere.

III· ENTRE'E·
ESCLAVES.

Monſieur D-Dumoulin , Mademoiſelle Prevôt.
Meſſieurs Dumoulin-L. , Savar.
Meſdemoiſelles Petit , Thibert.
Meſſieurs Laval , Maltaire-C.
Meſdemoiſelles Deliſle-L. , Duval.
Meſſieurs P. Dumoulin , Dangeville.
Meſdemoiſelles Carbon, Binet.
Meſſieurs Pierret, Tabary.
Meſdemoiſelles Lemaire , Verdun.

ACTEURS CHANTANS
DU BALET.

PREMIERE ENTRE'E.

LEANDRE,   Monsieur Thevenard.
PALEMON,   Monsieur Grenet.
CALLIRE'E,   Mademoiselle le Maure.
DORIS,   Mademoiselle Minier.
UNE MATELOTTE,   Mademoiselle Souris-L.

SECONDE ENTRE'E.

IRENE,   Mademoiselle Antier.
IPHIS,   Monsieur Murayre.
TIMANTE,   Monsieur Tribou.
UN HEROS FURIEUX,   Monsieur Chaffé.
DEUX BERGERES ,   Mefdemoifelles { Minier. { Souris-L.

TROISIE'ME ENTRE'E.

EMILE,   Monsieur Thevenard.
LYCAS,   Monsieur Murayre.
ALBINE,   Mademoiselle Antier.

LES

LES STRATAGÉMES DE L'AMOUR.

PREMIERE ENTRÉE.

SCAMANDRE.

*Le Theâtre reprefente les ruines de Troye dans l'éloi-
gnement, & fur le devant, les Rivages du Scamandre
ornez de petits Autels d'or., fur lefquels on doit placer
les offrandes & les libations déftinées au Dieu du Fleuve.*

SCENE PREMIERE.

LEANDRE *à fa Suite déguifée en Dieux des Eaux
& en Nayades.*

DE vos déguifemens nous allons faire ufage.
   Dès que la nuit aura voilé les Cieux,
Que ma Barque fans bruit approche du
Rivage.

Leandre, efpere enfin. L'on vient. Quittons ces lieux.

A

SCENE II.

PALEMON, CALLIRE'E, DORIS.

PALEMON.

NOn, je ne puis comprendre
Cette bizarre Loi, que l'on suit parmi nous :
Quand je brise vos fers pour être votre Epoux,
     Faut-il encor vous offrir au Scamandre ?
Je compte les moments, c'est trop me faire attendre
     Un bonheur dont je suis jaloux.

DORIS.

En prenez-vous quelque ombrage ?

Si les Dieux veulent l'hommage
De nos fruits & de nos fleurs,
En avons-nous moins l'usage ?
Ils n'en ont que les honneurs.

PALEMON.

Ah ! que cet hommage me gêne !

CALLIRE'E.

Depuis l'Hymen de la coupable Helene,
Depuis tous les malheurs qu'elle attira sur nous,

Scamandre est irrité contre tous les Epoux.
 Avant que l'Hymen nous enchaîne,
Par ce vain Sacrifice appaisons une haîne,
 Qui pourroit retomber sur vous.

PALEMON.
L'exemple, les discours, rien ne calme ma peine.
Ce Culte m'importune, & redouble mes maux.

DORIS.
 Insensible à cette offrande
 Le Dieu dort sous ses roseaux.
 Trop heureux qui n'apprehende
 Que de si foibles Rivaux !

CHOEUR *derriere le Théatre.*
 O Scamandre , écoûte nos vœux,
Permets à deux Amants de devenir heureux.

CALLIRE'E.
Je vois de ces Côteaux nos Compagnes descendre.

DORIS *à Palemon.*
Votre Sexe vous doit éloigner de ces lieux,
 Palemon, allez-nous attendre.

PALEMON.
 Quel Sacrifice affreux !
Scamandre, je te laisse un trésor précieux.

CHOEUR.
O Scamandre, &c.

SCENE III.

CALLIRE'E, DORIS.

DORIS.

VOus n'apportez point à la Fête
Un cœur charmé de sa conquête.

CALLIRE'E.

Tu vois quel Epoux je reçoi,
Et tu connois l'Amant, dont je trahis la foi.

DORIS.

Si la plus aimable chaîne
Lasse à la fin les Epoux,
D'un nœud formé malgré vous
Je conçois quelle est la peine.

CALLIRE'E.

Soulage, s'il se peut, le trouble où tu me vois.

DORIS.

L'Hymen, quand il nous appelle,
En Tyran donne des Loix:
L'Amour, en Sujet rebelle,
S'en releve quelquefois.

CALLIRE'E.

Non , d'un Amant trop cher il faut bannir l'image.
Leandre , helas ! je te perds sans retour.
Quel lieu peut te cacher ? Si tu n'étois volage
Aurois-tu quitté ce rivage ?
Peut-être que le Ciel, mon cœur, & ton amour
Auroient brisé le nœud , qu'on m'impose en ce
jour.

SCENE IV.

CALLIRE'E, DORIS, *Troyennes portant des Corbeilles de fleurs & de fruits pour hommage au Scamandre.*

CHOEUR.

O Scamandre , écoûte nos vœux ;
Permets à deux Amants de devenir heureux.

CALLIRE'E, DORIS, CHOEURS.

Que le Soleil & l'Aurore,
De leurs rayons dorent tes flots ;
Que les Vents orageux respectent ton repos,
Que tes Bords fortunez soient le trône de Flore.

Que cent Nayades nouvelles
Ornent toujours tes Roseaux.
Qu'il ne soit permis qu'aux Belles
De se mirer dans tes Eaux.

CHOEUR.

O Scamandre, écoûte nos vœux;
Permets à deux Amans de devenir heureux.

On danse.

UNE TROYENNE.

C'est ici qu'Amour presage
Le sort des tendres Vainqueurs :
    A votre âge
    Pour hommage
Il ne veut que vos ardeurs.
    Si ses chaînes
    Ont des peines ,
Un moment tarit vos pleurs.
Vole Amour, de tes douceurs
    Enivrons nos cœurs.

On danse.

CALLIREE.

Pardonnez, Dieu puissant, qui dormez sous vos On-
    des ,
Si je trouble la paix de vos Grottes profondes :
    Mille Amants contents de leurs nœuds
Demandent votre aveu pour en goûter les charmes ;
Je ne vous offre , helas ! que des jours malheureux ,
    Des appas éteints dans mes larmes.

Pardonnez, Dieu puissant , &c.

On entend une Symphonie bruyante , & on voit les Roseaux s'agiter.

CHOEUR.

Mais, quel spectacle nous étonne !
Quel bruit trouble ces Eaux ! Le Dieu s'offre à nos
    yeux.

SCENE V.

SCAMANDRE *ou Leandre, déguisé,*
CALLIRE'E.

SCAMANDRE *aux Troyennes.*

Allez , éloignez-vous, Scamandre vous l'or-
donne.
Vous, demeurez, Déefle de ces lieux ;
C'eſt le titre nouveau que mon amour vous donne.

CALLIRE'E.
Helas ! que voulez-vous de moi?
Quel plaiſir prenez-vous à me glacer d'effroi ?

SCAMANDRE.
Vous m'appellez ſur ce rivage,
Vous m'offrez vos attraits , vos jours & votre cœur:
Serois-je ſourd à ce langage?
Pourrois-je refuſer un Tribut ſi flateur ?

CALLIRE'E.
Vous n'en avez jamais deſiré que l'hommage ;
Et j'ai cru ſans peril obéïr à l'uſage.

SCAMANDRE.
Eh ! je n'avois rien vû d'égal à vos attraits.
Eh ! quelle autre Beauté pouvoit troubler ma paix?
                                        Goûtez,

DE L'AMOUR, BALET.

Goûtez, goûtez votre victoire;
Je vous soumets ces Flots, ces Champs délicieux,
Autrefois l'azile des Dieux:
Regnez Nymphe, & d'Helene effacez la mémoire:
Ses attraits ont causé le malheur de ces lieux,
Les vôtres en feront la gloire.

CALLIRE'E.

Que je devrois trouver de plaisir à vous croire!

SCAMANDRE.

Recevez votre bonheur
Du plus tendre Amant du monde:
Non, le Cristal de mon Onde
N'est pas plus pur que mon cœur.

Venez dans mon Palais, où l'Hymen vous appelle.
Ma Cour n'y doit servir qu'à la felicité
De sa Reine nouvelle.

CALLIRE'E.

Tout ce qui peut charmer une Divinité
Ne remplit pas toujours les vœux d'une Mortelle.

SCAMANDRE.

Eh! quel Rival m'opposez-vous?
Parlez.

CALLIRE'E.

Quoi! dans les cœurs un Dieu ne sçauroit lire!

B

SCAMANDRE.
C'eſt un ſecret perdu pour nous
Dès que l'Amour nous tient ſous ſon Empire.

Aimez-vous Palemon ? Dois-je en être jaloux ?
Je vois couler vos pleurs....

CALLIRE'E.
Mes pleurs ont leur excuſe ;
Vous nommez le Mortel, qu'on m'offre pour Epoux.

SCAMANDRE.
Ah! nommez-moi plutôt celui qu'on vous refuſe.

CALLIRE'E.
Au bruit de mille voix, parmi les ſons flateurs
Dont reſonnoit votre Rivage,
Un Vaiſſeau couronné de fleurs
De Venus apporta l'Image.
De ce grand jour Leandre eut tout l'honneur ;
Il conduiſoit Venus, quel choix plus digne d'elle !
Sur un Autel ſuperbe on plaça l'Immortelle,
Leandre eut le ſien dans mon cœur.

SCAMANDRE.
Leandre ! dites-vous. Vous eſt-il cher encore ?
Oubliez un Mortel, quand un Dieu vous adore.

CALLIRE'E.
Un Dieu doit des Mortels plaindre le ſort fatal,
C'eſt votre ſecours que j'implore.

SCAMANDRE.
...ndre, cependant vous cede à son Rival.

CALLIRE'E.
Il m'aimoit, à ses feux je craignois de répondre :
Que ne puis-je du moins le revoir en ces lieux !

SCAMANDRE.
Pourquoi ? S'il est ingrat.

CALLIRE'E.
      Pour le confondre,
Et s'il m'aimoit encor, pour mourir à ses yeux.

SCAMANDRE.
Je suis touché d'une flâme si pure :
Vivez.

CALLIRE'E.
Le jour pour moi sans lui n'a point d'appas.

SCAMANDRE *se découvrant.*
Eh bien, vivez pour lui, je ne m'en plaindrai pas.

CALLIRE'E.
Que vois-je !

SCAMANDRE.
Pardonnez une heureuse imposture.

CALLIRE'E.
Scamandre m'effrayoit, Leandre me r'assûre.

SCAMANDRE.

Sous un Ciel plus heureux, je vais guider vos pas,
Et remplir les sermens que mon amour vous jure.

Chantez Tritons, dansez, secondez mes transports,
Bien-tôt l'Astre du jour dans l'Onde va décendre
C'est l'instant, où ma Barque en ces lieux doit se ren-
            dre,
Et le peuple qui craint d'irriter le Scamandre,
N'oseroit désormais nous troubler sur ces bords ;
Chantez Tritons, dansez, secondez mes transports.

CHOEUR.

Volez Amours, commandez aux flots,
        Amenez les vents favorables,
Conduisez deux Amans sur des bords plus aimables,
Assurez votre gloire, assurez leur repos.

On danse.

UNE NAYADE.

Doux plaisirs, venez tous
        Soyez du voyage :
        Zephirs calmez l'orage ;
Les feux d'Amour vont luire sur nous.

Aimable jeuneffe
Voguez, le tems preffe,
Ce Dieu veut fans ceffe
Combler vos fouhaits :
    Vos cœurs font faits
    Pour fes atrraits.
Les coups dont il bleffe
Sont des bienfaits.
Aimons en paix ;
Contents, s'il nous laiffe
Choifir fes traits.

CHOEUR

Volez Amours &c.

La Barque cachée derriere les Rocher s'approche.

SCAMANDRE *à Callirée.*

Venez, ma Barque aproche, & je pars avec vous.
Tritons, redevenez des Matelots pour nous.

Ils s'embarquent.

SCENE VI.

PALEMON.

Perfides, arrêtez. Je viens pour vous défendre.
Callirée, on vous trompe, & je connois Sca-
    mandre.
Dieux barbares.....Destin jaloux.

Mais tout trahit mon esperance,
Tous deux bravent déja mes transports furieux.
Traître, qui prens le nom & la forme des Dieux.
Tremble, tremble, ces Dieux me doivent ma van-
    geance.

Fin de la premiere Entrée.

SECONDE ENTRÉE.

LES ABDERITES

*Le Théâtre represente une Place de la Ville d'Abdere,
dont la vûë est bornée par une Campagne.*

SCENE PREMIERE.

IRENE *seule.*

On, mon cœur allarmé se refuse à tes Loix,
Hymen, fui loin de moi; je frémis de ton
     choix :
Mais, s'il est un Objet plus digne de ma flâme,
Vole Amour, à tes traits j'abandonne mon ame.

Quel eſt l'Epoux qui m'eſt promis !
Timante ne connoît que l'éclat de tes armes ;
De tes douces langueurs il ignore le prix,
Iphis en connoît tous les charmes,
Et je vais immoler Iphis !

Non, mon cœur allarmé ſe refuſe à tes Loix,
Hymen, fui loin de moi ; je frémis de ton chcix :
Mais, s'il eſt un Objet plus digne de ma flâme,
Vole Amour, à tes traits j'abandonne mon ame.

Iphis paroît. Fuyons ſa preſence & ſes pleurs.
Ah ! n'ai-je pas aſſez de mes douleurs ?

SCENE II.

SCENE II.

IPHIS, IRENE.

IPHIS.

BElle Irene, arrêtez : craignez-vous de me plain-
dre ?
Voyez le tendre Iphis mourant à vos genoux.
Quoi ! Timante en ce jour doit être votre Epoux !
Lui que j'avois le moins à craindre,
Lui seul de son mérite admirateur jaloux,
Et de tous mes Rivaux le moins digne de vous.

IRENE

Malgré moi j'obéïs aux loix que l'on m'impose.
Oubliez les tourmens, où l'Amour vous expose.

IPHIS.

Non, pour les tendres Amans,
La raison n'est plus d'usage :
Les plus noirs égaremens
Des Peuples de ce rivage
N'égalent point mes tourmens.

Non, &c.

Ne puis-je vous ravir à ce Climat sauvage,
A ces murs, où l'horreur croît à tous les momens ?

IRENE.

Des Spectacles des Grecs j'y vois l'effet funeste :
D'un transport inconnu tout Abdere est surpris :
Les fureurs de Cassandre, & d'Ajax, & d'Oreste
Des Spectateurs ont troublé les esprits.

Si de feintes douleurs par des images vaines,
Peuvent dans les Mortels répandre la terreur,
Je sens que ma raison doit succomber aux peines,
Qui naissent du fonds de mon cœur.

IPHIS.

Ah ! seriez-vous sensible à ma douleur mortelle ?
Craignez-vous cet Hymen fatal ?

IRENE.

Tous les soins de votre Rival
N'ont pû rendre mon cœur moins fier ni moins
rebelle.
J'ai tout tenté
Pour lui déplaire,
Dedain, fierté,
Humeur legere,
J'ai tout tenté
Pour lui déplaire.

IPHIS.

Et rien ne la rebute !

Son cœur à mille objets avoit rendu les armes,
    Sans reſſentir de ſinceres ardeurs :
Faut-il pour mon malheur qu'il ait connu vos char-
    mes,
Ces charmes, dont le ſort eſt de fixer les cœurs ?

IRENE.

Il vient. Oubliez-moi : diſſipez vos allarmes
Fuyez.

IPHIS.

Ah ! dois-je encor éprouver vos rigueurs ?

IRENE *ſeule*.

Moment fatal ! Amour vien me défendre,
Pardonne les détours, où mon cœur va deſcendre.

SCENE III.

TIMANTE, IRENE.

TIMANTE.

ENfin voici le jour où nos deux cœurs se lient ;
Ce jour voit triompher les yeux qui m'ont sou-
   mis :
   L'Hymen & moi nous étions ennemis,
   Vos charmes nous reconcilient.

IRENE.

   Sous l'image de la Paix
   La Guerre est encore à craindre.
Osez-vous de l'Hymen attendre des bienfaits,
Lorsque ses Favoris ne cessent de s'en plaindre ?

TIMANTE.

Non, sa gloire dépend de combler nos souhaits ;

Je sçai sur mille Amans quel empire est le vôtre,
Vous sçavez quels objets aspiroient à mes vœux :
   Quels sacrifices heureux
   Nous nous ferons l'un à l'autre !

IRENE.

   Ne croyez pas m'obliger
De vous faire à mon tour pareille confidence :

L'Epoux qui veut l'exiger,
S'expose plus qu'il ne pense.

Ne croyez pas m'obliger
De vous faire à mon tour pareille confidence ;

TIMANTE.
Suis-je fait pour être jaloux ?

IRENE.
Ces soins trop importuns font peu dignes de vous.
Vous verrez fans chagrin mille Amans dans mes
    chaines ?

TIMANTE.
C'est un plaisir pour moi, de joüir de leurs peines.

IRENE.
Qu'elle tranquillité !

ENSEMBLE.
C'est d'un calme si doux,
Que dépend aujourd'hui le bonheur des Epoux.

IRENE.
Non, non, à mon Epoux je veux coûter des larmes,
Des soupirs, tous les soins d'une inquiete ardeur :
Il doit, pour l'honneur de mes charmes,
Traverser mes Amans, & craindre leur bonheur.

C iij

TIMANTE.

Ces frivoles terreurs n'auront rien qui m'arrête :
Irene, vous m'aimez, je vais preſſer la Fête.

IRENE.

Ciel ! comment fuir des nœuds ſi cruels pour mon
    cœur ?

*On entend une Symphonie éclatante qui annonce les Abderites furieux. On les voit entrer par differentes troupes de tous les côtez du Théatre. Ils ſont devenus inſenſez pour avoir vû joüer les Tragedies d'*AJAX, *d'*ORESTE *&* DE LA PRISE DE TROYE. *Ils ſont armez de flambeaux & de poignards, & ſe croyent les Heros de la Grece, dont ils ont les Habillements & les Armes.*

SCENE IV.

IRENE.

QUe vois-je ! quels objets ! quelle fureur inf-
pire
Nos infortunez Citoyens ?
Peuple, du moins dans ton délire,
Tu ne fens pas tes maux comme je fens les miens.

Fuyons ! non ! à mes feux, Amour, deviens pro-
pice.

SCENE V.

IRENE, ABDERITES *furieux.*

CHOEUR.

QUe de nos cris ici tout retentiſſe,
  Que la Mort vole à nos voix,
Que ſous nos coups tout un Peuple periſſe ;
  Frapons, briſons à la fois
Et les Temples des Dieux, & les Palais des Rois.

IRENE.

Infortunez, où courez-vous ?

CHOEUR.

Nous allons rendre
Helene à ſon Epoux.

IRENE.

Ah ! ſongez plutôt à reprendre
Le calme & le repos l'unique bien des cœurs.

CHOEUR.

Brûlons, ravageons tout, ſignalons nos fureurs.

Danſes furieuſes des hommes & femmes d'Abdere , avec des poignards
& des flambeaux à la main.

UN

UN HEROS FURIEUX *alternativement avec le Chœur.*

Courons tous aux armes,
Et dans les allarmes,
Goûtons tous les charmes
Des Vainqueurs.

Verſons l'épouvante,
Qu'ici tout reſſente
Les noires fureurs
De nos cœurs.

Que des coups terribles,
Des bras invincibles,
N'offrent ſur ces bords,
Que des morts.

La gloire l'ordonne :
Que Mars, que Bellonne
Anime & couronne
Nos ardeurs.

Verſons &c.

D

SCENE VI.

TIMANTE, IPHIS, IRENE.

TIMANTE à IPHIS.

Venez Iphis, voyez former des nœuds si
    doux.

à Irene.

Avec ces insensez quel plaisir goûtez-vous ?
Un mal si dangereux pourroit bien vous surpren-
    dre.

IRENE à part.

Ah ! lui-même il m'inspire : Amour, je croi t'enten-
    dre.

TIMANTE.

Irene, on vous attend.

IRENE en fureur.

Que veux-tu de Cassandre ?

TIMANTE.

Cassandre ! quels discours !

IRENE.

Otez-moi ces liens :
Frapez, percez ces Grecs vos ennemis, les miens.

En montrant Timante.

Voilà leur Chef, voilà le sang qu'il faut répandre.

TIMANTE.

Otons-la de ces lieux.

IRENE.

Un perfide m'entraîne.

TIMANTE & IPHIS.

Non, connoissez-nous belle Irene.

IRENE.

Ciel ! qu'est-ce que je voi !
C'est Ajax ! oses-tu porter les mains sur moi ?

Quelle sombre vapeur ! quel funeste nuage !...
La Terre tremble, s'ouvre, enfante un Monstre af-
freux...
Où fuir ? où m'échaper ? où trouver un passage ?
Que le Tonnerre gronde, & lance mille feux,
Que la Terre & le Ciel, que tout serve ma rage...
Mais, tant d'efforts épuisent mon courage.
Je m'affoiblis, je tombe au séjour ténebreux.

Elle tombe évanoüie.

IPHIS à TIMANTE.

Ah ! de ses sens elle a perdu l'usage.
Il faut la secourir... Quoi ! ne l'aimez-vous plus.

TIMANTE.

Moi ! l'aimer ! non tous nœuds entre nous sont rom-
pus.
Vous lui pouvez, Iphis, annoncer mes refus.

SCENE VII.

IPHIS, IRENE.

IPHIS.

CHer objet d'un amour ſi tendre,
Que je plains vos malheurs ! que mon ſort eſt fatal !
Quand je ne crains plus de Rival ,
Quand je puis vous parler, vous ne ſçauriez m'en-
tendre.

IRENE.

Je vous entens, Iphis.

IPHIS.

Ciel ! elle ouvre les yeux.
Daignez fixer ſur moi vos regards précieux ,
Et liſez dans les miens ma douleur, & ma flâme.

IRENE.

Il eſt tems de calmer les troubles de votre ame.

IPHIS.

Puiſſe un ſi triſte jour ne revenir jamais !

IRENE.

N'en craignez plus de dangereux effets.
Je vous aimois Iphis.

IPHIS.

Aveu trop plein de charmes !

IRENE.

Je n'ai feint ces tranſports, que pour ſervir vos vœux.

IPHIS.

Mais qu'un geſte, qu'un mot m'eût épargné d'allarmes !

IRENE.

J'en ai mieux aſſuré ce Stratagême heureux,
Et votre deſeſpoir m'a mieux marqué vos feux.

ENSEMBLE.

Quel bonheur va ſuivre nos peines !
Goûtons le prix de nos ardeurs :
Non, rien ne coûte aux tendres cœurs
Pour former les plus belles chaînes.

IRENE.

Timante ne met plus d'obſtacle à nos Amours,
J'eſpere tout pour vous de l'Auteur de mes jours.

Mais, quels concerts ſe font entendre.

On entend une Symphonie champêtre.

D iij

SCENE VIII.

IRENE, IPHIS, BERGERS, BERGERES.

Marche de Bergers.

UNE BERGERE.

NOus quittons nos Hameaux: puissent nos doux
    accords
D'un Peuple malheureux appaiser les transports!
Ecoûtez-nous : quels chants plus dignes d'un cœur
    tendre ?

IPHIS.

Interpretes charmans des plus aimables feux,
Chantez l'heureux moment , qui couronne nos
    vœux.

L'Amour se plaît dans vos retraites,
Aux plus tendres Amans il donne ses faveurs :
    Sur vos Hautbois, sur vos Musettes ,
    Chantez le Dieu qui regne sur vos cœurs.

CHŒUR.

L'Amour se plaît dans nos retraites,
Aux plus tendres Amans il donne ses faveurs :
    Sur nos Hautbois, sur nos Musettes ,
    Chantons le Dieu qui regne sur nos cœurs.

On danse.

UNE BERGERE *alternativement avec le Chœur.*

La douce erreur d'une ame tendre
Vaut bien mieux que la Raison :
Le Dieu d'Amour dans la jeune saison,
Est le seul maître qu'il faut prendre.

Sur un Trône de gazon
L'Amour se plaît à descendre ;
Aux Bergers il fait leçon,
Les Bergeres vont l'entendre.

CHOEUR.

La douce erreur &c.

On danse.

UNE BERGERE.

Tendre Amour, fai de nos champs
Le seul séjour de tes délices ;
Garde tes regards propices
Pour nos troupeaux, pour nos Amans.

Cœurs glacez par l'hyver des ans,
A nos Jeux innocens
Portez-vous envie ?
Ah ! faut-il des saisons retrancher le printems,
Et la jeunesse de la vie ?

Tendre Amour, &c.

LES STRATAGEMES

Que la Sageſſe
Par ſes langueurs,
Endorme d'autres cœurs ;
Tes traits vainqueurs
Nous reveillent ſans ceſſe.

Tendre Amour &c.

On danſe.

DEUX BERGERES.

Les Ris dans nos retraites,
Marchent toujours
Sur les pas des Amours.
Echo, tu n'y repetes
Que des ſoupirs,
Nez dans les plaiſirs.

Sans ſoins, ſans larmes,
Aimons en paix.
Regne à jamais
Par tes charmes,
Tes nœuds, Amour, ſont formez de fleurs ;
Tes faveurs,
Tes langueurs
Sont le bien des cœurs.

On reprend le Chœur, L'Amour ſe plaît, &c.

Fin de la ſeconde Entrée.

TROISIE'ME

TROISIÉME ENTRÉE.

LA FESTE DE PHILOTIS.

Le Théatre represente les Avenuës du lieu préparé pour cé-
lebrer la Fête de Philotis. Il est orné des Statuës de
Mars & de Venus, Divinitez tutelaires de l'Empire
Romain.

SCENE PREMIERE.

EMILE, LYCAS.

LYCAS.

Ntrez , je vous permets de marcher à
ma suite.

E

EMILE.

L'Oracle de Venus m'a promis, qu'en ces Jeux,
Le Ciel apaiseroit le trouble qui m'agite.

LYCAS.

Je suis Roi de la Fête, & je reçois vos vœux.

Ces danses, ces festins, ce jour de notre gloire,
D'une fameuse Esclave honorent la valeur :
On chante Philotis, & l'illustre victoire,
    Qui de l'Empire assura le bonheur :
        Rendre le calme à votre cœur,
Est un succez pour moi plus digne de mémoire.

EMILE.

Quel remede crois-tu trouver à mon tourment ?

LYCAS.

Mon exemple, & mon enjouëment.

Je vais regner à table au milieu de nos Belles,
Et Bachus & l'Amour me destinent le prix :
Vous verrez à mes vœux ceder les plus cruelles,
Et voler à ma voix les Plaisirs & les Ris.

EMILE.

Ah ! sçais-tu de mes maux quelle est la violence ?
Je dois au sort d'Albine être uni pour jamais,
    Je ne connois que sa naissance :
    Un autre objet me tient sous sa puissance,
    Je ne connois que ses attraits.

LYCAS.

Un objet inconnu vous fait rendre les armes,
Et de l'Empire entier vous démentez le choix !
Albine est du sang de nos Rois,
Que vous vous préparez d'allarmes !

EMILE.

Un grand cœur n'est jamais surpris
Des soins que coûte la victoire ;
Il en est de l'Amour ainsi que de la Gloire,
L'obstacle en releve le prix.

LYCAS.

Eh pourquoi semer des peines
Sur la route des plaisirs ?
Je veux de legeres chaînes
Qui m'épargnent des soupirs.

Placez mieux vos ardeurs : vous êtes fait pour
          plaire,
Vous qu'on vit triomphant entrer dans nos rem-
          parts,
Tout couvert des lauriers de Mars ;
Vous vaincrez aisément la beauté la plus fiere.

Une Esclave déja se présente à nos yeux ;
Venez, & rassemblons les autres pour les Jeux.

SCENE II.

A L B I N E en habit d'Esclave.

TEndre Déesse des cœurs,
    Vien remplir mon esperance;
Jamais de si pures ardeurs,
N'ont honoré ta puissance.

Hymen , quand tu m'offres tes nœuds,
Si ma grandeur , si ma naissance
Me font plus comptez que mes feux ,
Crains que l'Amour ne s'en offense.

Tendre Déesse, &c.

Emile vient à cette Fête.
Sous quel déguisement vais-je éprouver son cœur !
Ah ! S'il n'en rougit pas, quel sera mon bonheur !
Je ne devrai qu'à moi l'honneur de ma conquête :
O Venus, sur mes yeux verse un charme vainqueur.

On vient. Albine helas ! Que ton trouble est extrême !

SCENE III.

EMILE, ALBINE.

EMILE *du fonds du Théâtre.*

QUe vois-je ? ô Ciel ! Mes yeux ne me trompez-
vous pas ?

En approchant d'elle.

Dieux ! Est-ce une Esclave que j'aime ;

A elle.

Où fuyez-vous ? où portez-vous vos pas ?

ALBINE.

D'un objet inconnu que vous sert la présence ?

EMILE.

Inhumaine ! Eh pourquoi me cacher tant d'atraits ?
Ah ! N'ai-je pas un cœur pour sentir leur puissance ?

ALBINE.

L'Amour doit le blesser par de plus nobles traits.

EMILE.

En est-il de plus sûr pour fixer la constance ?

Ces Jeux ne vont briller que par votre beauté,
Tous les cœurs a l'envi vont vous rendre les armes ;
Vous n'avez qu'une fois perdu la liberté,
Et vous l'ôtez toujours à qui voit tant de charmes.

E iij

ALBINE.

Moi Seigneur ! Eh quel tems, quels lieux,
Ont pû m'offrir à vos yeux ?

EMILE.

C'eſt un jour que mon cœur ſe rappelle ſans ceſſe.
Au Temple de Venus le ſort guida mes pas,
Une beauté touchante imploroit la Déeſſe;
Qui peut-être en ſecret envioit tant d'appas.
Ces ornemens ſacrez, ces voiles, ces guirlandes,
Dont vous étiez parée en portant vos offrandes;
　　N'ajoûtoient rien à vos traits:
　　Ils ont ſeuls allumé ma flâme,
　　Et ces traits dans mon ame
Sont trop gravez pour s'effacer jamais.

ALBINE.

Une Eſclave pourroit cauſer votre tendreſſe !
Ah ! rougiſſez, Seigneur, d'une indigne foibleſſe.

EMILE *à part.*

Dieux cruels ! C'eſt à vous de rougir de ſon ſort.

ALBINE.

Quoi ! La Gloire ſur vous ne fait qu'un vain effort ?
Votre cœur n'a-t'il point de reproche à ſe faire ?

EMILE.

Non, mon cœur étoit libre, il ne fent que vos coups.

ALBINE.

Mais Albine, Seigneur....

EMILE.

Quel nom prononcez-vous?

ALBINE.

Albine, feule doit vous plaire.

Loin du tumulte de ces lieux,
Elle couloit fes jours dans un Palais champêtre,
Jufqu'à ce moment glorieux,
Où, fur un char brillant Rome vous vit parêtre.
Dans un éclat égal aux Dieux.
Albine fut témoin de toute votre gloire;
Peut-être que ce jour lui coûta fon repos :
L'Amour lui devoit un Heros,
Vos vertus vous devoient une telle victoire.

EMILE.

En eft-il à mes yeux de plus chere que vous ?
Mais, qui peut pour Albine exciter votre zele ?

ALBINE.

Je partage , Seigneur , ses secrets les plus doux.

EMILE *à part.*

Quel coup funeste ! ô Dieux.

ALBINE.

Gardez vos vœux pour elle.

EMILE.

Puis-je forcer mon cœur à m'obéir ?

ALBINE.

Laissez-moi.

EMILE.

Demeurez.

ALBINE.

Je ne puis la trahir.

Elle sort.

EMILE.

On vient. Jeux importuns me troublez-vous encore ?
Laissez-moi m'occuper de l'objet que j'adore.

SCENE IV.

SCENE IV.

Le fonds du Théatre s'ouvre, & represente la Salle des Festins de Philotis. Tout le fonds est décoré de Tables & de Lits usitez dans les Repas de l'Antiquité. Des Vases de fleurs & de fruits remplissent les aîles du Théâtre; & au-dessus sont des Tribunes remplies de Joüeurs d'Instruments. Les Personnages du Festin sont des Esclaves de l'un & de Sexe, magnifiquement habillez, & representant les Nations soumises à l'Empire Romain. LYCAS est au milieu d'eux, & tous chantent des Hymnes à Bachus.

LYCAS *alternativement avec le Chœur.*

Aux Autels de Bachus venez offrir vos vœux.
Vos offrandes ne sont pas vaines :
C'est l'azile des Ris, des Jeux,
C'est un rempart contre les peines.

Chantons Bachus, c'est ici son Empire :
Il enchaîne les Ris, & l'Amour à son char.

Le doux parfum de ce nectar,
Est le seul encens qu'il désire.

Chantons &c.

F

LYCAS en entousiasme.

Je vois Bachus ; Je sens une fureur divine :
    Ah ! quels transports délicieux !
Plaisirs , Gloire , Grandeurs vous prévenez mes
      vœux ,
    J'ai tous les biens que j'imagine :
    Hébé me verse un nectar précieux ;
Je vole, je prends place à la table des Dieux.

On danse.

Lycas fait cesser les Jeux pour aller en triomphe autour des Remparts de Rome, délivrée autrefois par l'Esclave Philotis.

Autour de nos remparts suivez le Roi des Jeux,
Et pour les couronner revenons en ces lieux.

SCENE V.

EMILE.

Ou la chercher ? Elle fuit l'inhumaine,
Je suis par tout ses pas, Elle est sourde à ma voix ;
Cruelle revenez , pour joüir de ma peine.
C'est elle !... Que je sens de transports à la fois ?

SCENE VI.

EMILE, ALBINE.

EMILE.

Faut-il perdre toute esperance ?
Chaque instant, de mes feux accroît la violence.
Vous avez vû les Jeux, & je n'ai vû que vous.
Vos regards, vos discours, jusqu'à votre silence,
Tout m'a porté de nouveaux coups.
Ingrate vos mépris sont-ils ma récompense ?

ALBINE.

Emile n'est pas fait pour craindre des mépris.

EMILE.

J'en suis plus malheureux, & vous plus inhumaine.

ALBINE.

Mon absence rendra le calme à vos esprits :
Vous éviter, Seigneur, est tout ce que je puis.

EMILE.

Que pourroit de plus votre haine ?

ALBINE.

Les Destins ont trop mis de distance entre nous,
J'accuse leurs rigueurs, mais je fuis ma victoire.
Vous rendre à votre gloire,
Est-ce de la haine pour vous ?

EMILE.

Ah ! Je suis trop heureux, si ce cœur moins rebelle...

ALBINE.

Non , vivez pour Albine , Albine vous appelle ;
Que l'Efclave à vos yeux difparaiffe à jamais.
    Eh ! N'eft-ce pas affez pour elle
    D'avoir mérité vos regrets ?

EMILE.

    Moi , vous quitter ! Quel cœur affez barbare ?
Non , non , du tendre Amour je n'entens que la
    voix.
Venez ; dans quels climats faut-il fuivre vos loix ?
Ah ! plus vous refufez le fort qu'on vous prépare,
    Et plus j'adore une vertu fi rare ;
C'eft à tout l'univers juftifier mon choix.

Mais quel trouble nouveau de votre ame s'empare ?

ALBINE *à part.*

Albine es-tu contente ? eft-ce affez de rigueur ?

EMILE.

Eh ! Quoi ! toujours Albine ?..

ALBINE.

        Elle eft chere à mon cœur,
Plus que vous ne penfez, je cherche fon bonheur.

EMILE.

Eft-ce donc aux dépens du bonheur que j'efpere ?

Eh bien, je vais la voir, je vais rompre nos nœuds,
Aux yeux de tout l'Empire , à la face des Dieux ;
Je les attefte tous...

ALBINE.

Seigneur, qu'allez-vous faire?
Gardez-vous d'achever un serment téméraire.
Voulez-vous sur ma tête attirer leur couroux?...
Il m'en coûteroit trop. Albine est devant vous.

EMILE.

Vous Albine! Grands Dieux! C'est Albine que j'aime!

ALBINE.

Ma feinte à réüssi, mon bonheur est extrême,
Je trouve enfin l'Amant seul digne de ma foi;
L'Amant qui sçait en moi,
Ne chercher que moi-même.

ENSEMBLE.

Amour, vien combler nos plaisirs,
Plaisirs préparez par nos larmes;
Tu mets le prix à nos soupirs,
Verse dans nos cœurs tous tes charmes.

On entend la Symphonie du retour de Lycas & des Esclaves.

EMILE.

Voyez encor ces Jeux : Qu'ils sont chers à mon
cœur!
Je leur dois mon bonheur.

F iij

SCENE DERNIERE.

*Les Esclaves reviennent en triomphe ; Lycas Roi des
Jeux est porté sur un Palanquin. Et tous avec des Cou-
ronnes de Myrthe & de Pampre, vantent la gloire de
Philotis & de l'Empire Romain.*

LYCAS.

CElebrez l'Esclave immortelle,
Qui sauva ces Remparts d'une guerre cruelle ;

Chantez la gloire de vos fers.
Qu'un triomphe si beau par tout se renouvelle,
Et que son Nom vole au-de-là des Mers.

CHOEUR.

Chantons la gloire de nos fers,
Nos Maîtres sont les Rois des Rois de l'Univers ;
Sous leur Drapeaux marche la gloire,
A leur voix vole la victoire,
Chantons la gloire de nos fers.

On danse.

UN ESCLAVE.

Bravons les Destins
De qui la puissance
Met trop de distance
Entre les humains.

La tranquilité
Pour nous la répare :
Le plaisir plus rare
En est mieux goûté.
L'on se dédommage
D'un long esclavage
Par la seule image
De la liberté.

A L B I N E.

Triomphe, Amour, rend nos Fêtes plus belles,
Suspend notre bonheur pour le rendre plus doux :
Que tes traits volent sur nous
Par mille routes nouvelles.

Eprouve les Amans, choisi les plus fidelles,
Mesure tes faveurs
A la tendresse de nos cœurs.

Triomphe, Amour, &c.

*Les Esclaves finissent la Fête par le Balet general
des Nations qu'ils representent.*

F I N.

A P P R O B A T I O N.

J'AY lû par l'ordre de Monseigneur le Garde des
Sceaux, *Les Stratagêmes de l'Amour, Balet* ; & n'y
ai rien trouvé qui puisse en empêcher l'Impression. Fait
à Paris le 22. Février 1726.　　MASSIP.